Paramahansa Yogananda
(1893 – 1952)

PARAMAHANSA YOGANANDA

EDU SEADUS

———

Vaimujõu kasutamine
tervise, õitsengu ja õnne
loomiseks

Self-Realization Fellowship
FOUNDED 1920
Paramahansa Yogananda

SELLEST RAAMATUST: Esmakordselt andis Self-Realization Fellowship *"Edu seaduse"* välja bukletina 1944. aastal ja see on sellest alates pidevalt trükis olnud. Seda on tõlgitud kahekümne ühte keelde: bulgaaria, eesti, hiina, hispaania, hollandi, itaalia, jaapani, kasahhi, kreeka, norra, prantsuse, poola, portugali, rootsi, rumeenia, saksa, soome, taani, tai, ungari ja vene keelde.

Self-Realization Fellowship, Los Angeles (California)
originaali tiitel inglise keeles:
The Law of Success

ISBN-13: 978-0-87612-150-4
ISBN-10: 0-87612-150-4

Tõlge eesti keelde: Self-Realization Fellowship
Copyright © 2015 Self-Realization Fellowship

Autoriseeritud Self-Realization Fellowshipi
Rahvusvahelise Kirjastusnõukogu poolt.

Ülaltoodud Self-Realization Fellowshipi nimi ja embleem on SRFi raamatutel, salvestistel ja teistel trükistel, tagades lugejale, et töö pärineb Paramahansa Yogananda poolt asutatud ja tema õpetusi ustavalt edastavalt ühingult.

Esimene eesti keelne trükk: *Self-Realization Fellowship*, 2015
First edition in Estonian from Self-Realization Fellowship, 2015

ISBN-13: 978-0-87612-636-3
ISBN-10: 0-87612- 636-0

1469-J2773

Targim on see, kes otsib Jumalat. Kõige edukam on see, kes on leidnud Jumala.

— *Paramahansa Yogananda*

ÕILIS UUS

Laula laule, mida keegi veel pole laulnud,

mõtle mõtteid, mis iial ajus pole kõlanud,

kõnni radu mööda, mida ükski pole astunud,

vala pisaraid, nii nagu keegi varem pole Jumala
jaoks valanud,

Anna rahu kõigile neile, kellele pole seda iial
antud,

väida olevat sinu oma see, kelle kõik teised on
ära lükanud.

Armasta kõiki armastusega, mida keegi pole
tundnud ja ole jätkuvalt vapper elulahingus.

MINU JUMALIK SÜNNIÕIGUS

Issand lõi mind Oma näo järgi. Ma otsin esmalt Teda ja olen kindel, et mul on Temaga tegelik kontakt. Ja siis, kui see on Tema tahe, võidakse mu jumalikule sünniõigusele juurde lisada kõik teised asjad – tarkus, küllus, tervis.

Ma tahan mõõtmatut edu mitte maistest allikatest, vaid Jumala kõike omavatest, kõikvõimsatest, kõige külluslikematest kätest.

EDU SEADUS

Kas on olemas vägi, milline võib ilmutada rikkuste peidetud kullasoont ja tuua esile aardeid, millest me pole kunagi isegi unistanud? Kas on olemas vägi, mille poole me võime pöörduda tervise, õnne ja vaimse valgustumise saamiseks? India pühakud ja targad õpetavad, et selline vägi on olemas. Nad on toonud esile ka teie elus parajal rakendamisel toimivate tõeprintsiipide tõhususe.

Teie edu elus ei sõltu üldsegi võimetest ja väljaõppest. Samas sõltub ta teie otsustusvõimest haarata kinni teile antud võimalustest.

Elus tulevad võimalused läbi loomise, mitte juhuse kaudu. Teie ise olete kas praegu või minevikus (kaasa arvatud eelmiste elude minevik), loonud kõik võimalused, mis teie teel esile kerkivad. Kuna te olete nad välja teeninud, siis kasutage nende parimaid eeliseid.

Kui te kasutate oma teel olevate takistuste ületamiseks kõiki väliseid vahendeid ning samuti

loomulikku võimekust, siis arendate te endas
välja need võimed, mis Jumal teile andis – piira-
matud võimed, mis voolavad esile teie olemuse
seesmisest jõuvarust. Te omate mõtte- ja tahte-
vägesid. Kasutage siis neid jumalikke kinke üli-
mal viisil!

MÕTETE VÄGI

Teie elus avaldub edu ja läbikukkumine vasta-
valt teie harjumuslikule mõttetrendile. Mis jää-
vad peale – mõtted edust või mõtted läbikukku-
misest? Kui teie mõistus on tavaliselt negatiivses
seisundis, siis ei piisa edu ligitõmbamiseks ju-
huslikust positiivsest mõttest. Aga kui te mõtlete
õigesti, siis leiate te oma eesmärgi isegi siis, kui
teile näib, et te olete mähitud pimedusse.

Te üksinda olete vastutav iseenda eest. Mitte
keegi teine ei vastuta teie tegude eest, kui saabub
viimne aruandmine. Teie samme selles maa-
ilmas – sfääris, kuhu teid teie karma, teie enda
mineviku teod on teid asetanud, saab teostada
vaid üks isik – teie ise. Ja teie tööd saab nimetada
õnnestumiseks vaid siis, kui see teenib mingil

viisil teie kaasinimesi.

Ärge vaadelge mentaalselt ühtki probleemi katkematult. Laske sel lihtsalt olla ja see võib laheneda aja jooksul iseenesest – kuid jälgige, et jõudehetkedel säiliks teie eristamisvõime. Kasutage neid puhkeperioode selleks, et minna seesmise Ise rahulikku piirkonda. Olles end häälestanud oma hingele, olete te võimelised mõtlema õigesti kõigest, mida te teete ning kui teie mõtted või teod on läinud viltu, siis saab neid sel moel uuesti õigeks seada. Sellise jumaliku häälestamise väe saavutab praktika ja pingutuse abiga.

TAHE ON TEIE DÜNAMO

———

Et olla edukas, peaksite te kasutama koos positiivse mõtlemisega tahtejõudu ning olema tegevustes järjekindel. Iga väline ilmutus on tahte tulemus, kuid seda väge ei kasutata alati teadlikult. On olemas nii mehaaniline kui ka teadlik tahe. Teie kõigi vägede liikumapanevaks jõuks on tahteakt ehk tahtejõud. Ilma selleta ei saaks te käia, rääkida, tööd teha, mõelda, tunda.

Seepärast on tahtejõud kõigi teie tegevuste alli-
kaks. (Selleks, et seda energiat mitte kasutada,
peaksite te olema nii füüsiliselt kui mentaalselt
täiesti passiivne. Isegi oma kätt liigutate te tahte-
jõu abil. Ilma seda jõudu kasutamata on võimatu
elada.)

Mehaaniline tahe on tahtejõu mõtlematu ka-
sutamine. Teadlik tahe on otsusekindlust ja pin-
gutust saatev elujõud – dünamo, mida tuleb tar-
galt juhtida. Treenides end kasutama teadlikku,
mitte mehaanilise tahet, peaksite olema samas
kindlad, et kasutate oma tahtejõudu ülesehita-
valt, mitte kahjutoovatel eesmärkidel või asjade
kasutuks omandamiseks.

Selleks, et luua dünaamilist tahtejõudu, otsus-
tage, et te teete elus midagi, mida te arvasite seni
mitte suutvat. Võtke esmalt ette lihtsamaid üles-
andeid. Kui teie eneseusk tugevneb ja teie tahte-
jõud kasvab, siis võite sihikule võtta palju kee-
rulisemad eesmärgid. Olge kindlad, et te olete
teinud hea valiku, seejärel keelduge allumast lä-
bikukkumisele. Pühendage kogu oma tahe vaid
ühest asjast jagusaamisele – ärge pillake oma

energiat, uut ettevõtmist alustades ärge jätke midagi pooleli.

TE VÕITE OMA SAATUST KONTROLLIDA

Mõistus on kõige looja. Seepärast peaksite suunama teda vaid head looma. Kui te suunate oma tahte jõuliselt teatud mõttele, siis omandab see lõpuks käegakatsutava välise kuju. Kui te olete alati võimelised kasutama oma tahet ülesehitavatel eesmärkidel, siis muutute te oma *saatuse kontrollijaks.*

Kirjeldasin just teie tahte hoogustamise kolme olulist moodust: 1) valige lihtne ülesanne või saavutus, mis on jäänud teil seni kättesaamatuks ja otsustage selles edu saavutada; 2) olge kindlad, et te olete valinud välja midagi konstruktiivset ja teostatavat ja seejärel keelduge mõtlemast läbikukkumisele; 3) koondage ülesande teostamiseks kõik oma võimed ja võimalused ning keskenduge ainsale eesmärgile.

Te peaksite oma seesmise Ise rahulikus

piirkonnas olema täiesti kindlad, et see, mida te tahate, on teie jaoks õige ning jumaliku otstarbega. Seejärel kasutage sihi teostamiseks või saavutamiseks kogu tahtejõudu – hoides samas oma mõistust keskendunult Jumalal kui kõigi vägede ja saavutuste Allikal.

HIRM KULUTAB ELUENERGIA

Inimaju on eluenergia varaait. Seda energiat kasutab organism lihaste liigutamiseks, südametegevuses, kopsude ja diafragma töös, rakkude metabolismis ja vereloomes ja närvisüsteemi toimimisel. Peale selle vajame määratu suures koguses eluenergiat kõigi mõtete, emotsioonide ja tahteprotsesside jaoks.

Hirm röövib eluenergia – see on üks dünaamilise tahtejõu suurimaid vaenlasi. Hirm pigistab närvidest välja seal voolava eluenergia ja närvid ise muutuvad justkui halvatuks – kogu keha vitaalsus langeb. Hirmutunne ei lase teil eemalduda hirmu objektist – see nõrgestab hoopis teie tahtejõudu. Hirmu mõjul saadab aju keelavaid sõnumeid kõigile kehaorganeile. Ta pigistab südant, kontrollib seedetegevust ja põhjustab palju muid füüsilisi häireid. Kui hoida teadvus Jumalal, siis te ei tunne hirmu, iga takistus ületatakse siis julguse ja usu abiga.

Soov on *ilma energiata ihalus*. Soovist võib saada kavatsus – tegevusplaan soovi või ihaluse täitmiseks. Sõna „tahtma" viitab oma tahtmise saamiseks tegutsemisele. Kui te kasutate oma tahtejõudu, siis vabastate eluenergia väe – mitte aga siis, kui te lihtsalt soovite passiivselt oma eesmärki saavutada.

LÄBIKUKKUMISED PEAKSID ÄRATAMA OTSUSEKINDLUSE

Isegi läbikukkumised peaksid toimima teie tahtejõu ning teie materiaalse ja vaimse kasvu ergutitena. Kui te olete oma ettevõtmistes läbi kukkunud, siis on kasulik analüüsida kõiki seda olukorda mõjutanud tegureid eraldi, et kõrvaldada tulevikus võimalus samu vigu korrata.

Äpardumiste hooajal on parim aeg külvata edu seemneid. Olude kaigas võib teile sinikaid lüüa, kuid hoidke oma pea püsti. Püüdke alati *üks kord veel*, ükskõik kui palju kordi teil see eelnevalt ebaõnnestus. Võidelge ka siis, kui te mõtlete, et ei suuda enam võidelda. Või kui te mõtlete, et te olete endast juba parima andnud või kuni teie pingutusi kroonib edu. Väike näide selgitab seda paremini.

A ja B poksivad omavahel. Peale pikemat võitlust ütleb A iseendale: „Ma ei suuda rohkem." Kuid B mõtleb: „Vaid üks löök veel," ja ta virutabki selle – ja A on pikali. Te peate olema samasugused, andma viimase löögi. Kasutage kõigi eluraskuste ületamiseks tahte alistamatut väge.

Peale äpardumist toovad uued pingutused tõelise kasvu. Kuid nad peavad olema hästi plaanitud ja laetud kasvava tähelepanu intensiivsuse ja paindliku tahtejõuga.

Oletagem, et teil senimaani *on* asjad äpardunud. Oleks rumal loobuda pingutustest ja võtta äpardumist kui „saatuse" poolt määratut. On parem surra võideldes, kui hüljata oma pingutused millegi enama saavutamiseks. Sest isegi kui tuleb surm, peavad teie võitlemised varsti uues elus jälle otsast algama. Edu või äpardumine on lihtsalt teie enda minevikus tehtu tulemus, *pluss* see, mida te teete praegu. Seega peate te ergutama kõiki eelmiste elude edumõtteid, kuni nad elustuvad ja on võimelised tühistama kõik selle elu kalduvused ebaõnnestuda.

Eduka inimese teel võis olla palju suuremaid raskusi kui sellel, kes pidevalt ebaõnnestub. Vahe on selles, et edukas on end treeninud hülgama äpardumise mõtet. Te peaksite kandma oma tähelepanu äpardumiselt edule, muretsemiselt rahulikkusele, mentaalselt uitamiselt keskendumisele, rahutuselt rahule ja rahult teis olevale jumalikule õndsusele. Kui te saavutate selle Eneseteostuse seisundi, siis on teie elu eesmärk hiilgavalt teostatud.

ENESEANALÜÜSI VAJADUS

Teiseks edenemise saladuseks on eneseanalüüs. Sisevaade on peegliks, kus te näete oma mõistuse süvendeid, mis jäävad muidu teie eest peitu. Diagnoosige oma äpardumisi ja sorteerige välja head ja halvad kalduvused. Analüüsige seda, kes te olete, kelleks te soovite saada ja mis teid pidurdab. Määrake kindlaks oma tõeline ülesanne, oma elumissiooni olemus. Püüdke muutuda selleks, kes te peaksite olema ja kes te tahate olla. Kui te keskendate oma mõistuse Jumalale ja häälestate end Tema tahtele, siis te edenete oma teel palju-palju enam.

Teie lõplikuks eesmärgiks on leida oma tee tagasi Jumalasse, kuid teil on ka välises maailmas ülesanne täita. Initsiatiiviga kombineeritud tahtejõud aitab teil seda ülesannet ära tunda ja teostada.

INITSIATIIVI LOOV VÄGI

Mis on initsiatiiv? See on teis olev loov võime – Mõõtmatu Looja säde. See annab teile võime luua midagi, mida keegi teine pole kunagi loonud. See innustab teid tegema asju uuel moel. Algatusvõimelise inimese saavutus võib olla sama silmapaistev kui taevas lendav täht.

Luues ilmselgelt midagi ei millestki, näitab see, et töötades Vaimu suure leiutava väega, võib näiliselt võimatu osutuda võimalikuks.

Initsiatiiv võimaldab teil tõusta vaba ja sõltumatuna iseenda jalgadele. See on üks edu omadusi.

NÄHKE IGAS INIMESES JUMALAT

Paljud inimesed annavad endale oma vead andeks, samas mõistavad nad halastamatult kohut teiste isikute üle. Me peaksime selle hoiaku ümber pöörama, andestades teiste möödalaskmised ja uurides halastamatult enda omi.

Vahel on vaja teisi inimesi analüüsida ning sel juhul on tähtis meeles pidada – hoidke mõistus eelarvamustest vabana. Erapooletu mõistus on nagu veatu ja puhas peegel, vaba kiirustades antud hinnangutest. Iga sellises peeglis paistva isiku kujutis on moonutamata.

Õppige nägema Jumalat erineva rassi ja usu-tunnistusega inimestes. Te saate teada, mis on Jumalik armastus, kui te hakkate tundma ühtsust iga inimolevusega – mitte enne. Vastastiku-ses teenimises unustame me enese väikese mina ja võime heita pilgu mõõtmatule Isele, kõiki inimesi ühendavale Vaimule.

INIMELU KONTROLLIMINE MÕTTEGA

Edu kiirendavad või viivitavad inimese enda harjumused. Mitte mööduvad inspiratsioonipu-hangud ega teie briljantsed ideed ei kontrolli teie elu sel määral, kui teevad seda teie igapäevased mentaalsed harjumused.

Mõtteharjumused on nagu nähtamatud mag-netid, mis tõmbavad teie poole teatud asju, inimesi ja tingimusi. Head mõttemustrid või-maldavad teil tõmmata ligi kasu ja võimalusi. Halvad mõtteharjumused juhivad teid mate-riaalselt mõtlevate inimeste juurde või ebasobi-vasse keskkonda.

Nõrgestage halbu harjumusi vältides kõike, mis neid esile kutsus või ergutas, ennetage neile keskendumist. Pöörake selle asemel oma mõistus mõnele heale harjumusele ja viljelege seda kindlalt ja püsivalt, kuni see muutub teie osaks.

Meis võitlevad alati üksteise vastu kaks jõudu. Üks jõud ütleb, et me teeksime asju, mida me ei peaks tegema. Teine innustab meid tegema asju, mida me peaksime tegema – kuigi need näivad olevat rasked. Üks on pahelisuse hääl ja teine on Jumala, headuse hääl.

Läbi raskete igapäevaste õppetundide märkate te tasapisi, et halvad harjumused toidavad lõppematute materiaalsete soovide puud, samas kui head harjumused toidavad vaimsete püüdluste puud. Te peaksite üha enam ja enam keskendama oma pingutused vaimse puu kasvatamisele, et te võiksite ühel päeval sealt noppida eneseteostuse küpse vilja.

Kui te olete võimelised vabastama end igat liiki halbadest harjumustest ja olete võimelised tegema head, sest et te tahate teha head ja seda mitte ainult seepärast, et paheline toob kurbust, siis te olete Vaimus tõeliselt edenenud.

Te olete tõeliselt vaba inimene vaid siis, kui hülgate oma halvad harjumused. Kuni te pole tõeline meister, kes on võimeline kamandama end tegema asju, mida te peaksite tegema, kuid ei pruugi tahta teha, ei ole te vaba hing. Selles enesekontrolli väes peitub igavese vabaduse seeme.

Ma mainisin nüüd mitut tähtsat edu omadust: positiivseid mõtteid, dünaamilist tahet, enese-analüüsi, initsiatiivi ja enesekontrolli. Paljud populaarsed raamatud rõhutavad neist üht või mitut, kuid nad ei ole tunnustanud nende taga olevat Jumalikku Tahet. Enese häälestamine Jumaliku Tahte lainele on edu ligitõmbamisel kõige tähtsam tegur.

Jumalik Tahe on vägi, mis liigutab kosmost ja kõike selles. See oli Jumala Tahe, mis paiskas tä-hed kosmosesse. See on Tema Tahe, mis hoiab planeedid nende orbiitidel ja mis juhib iga elu-vormi sündi, kasvu ja vananemist.

JUMALIKU TAHTE VÄGI

Jumalikul Tahtel ei ole piire – see töötab nii tuntud, kui tundmatute, loomulike ja näiliselt imeliste seaduste kaudu. See võib muuta saatuse kulgu, äratada üles surnud, visata mäed merre ja luua uusi päikesesüsteeme.

Olles Jumala kujutis, peitub inimeses selle tahte kõikesaavutav vägi. Inimese kõrgeimaks kohustuseks on avastada õige meditatsiooni kaudu, kuidas olla kooskõlas Jumaliku Tahtega.

Kui inimtahet juhib väärarusaam, siis see juhib meid vääralt, kui aga seda juhib tarkus, siis on inimtahe häälestatud Jumaliku Tahtega samale lainele. Kui aga meie silmis jumalikku plaani sugenevad inimlikud konfliktid, kaotame seesmise juhtimise, mis võiks meid häda ja viletsuse kuristikest päästa.

Jeesus ütles: „Sinu tahtmine sündigu!" Kui inimene häälestab oma tahte tarkuse poolt juhitud Jumala tahtele, siis ta kasutab Jumala Tahet.

Kasutades õigeid, muistsel ajal India tarkade poolt välja arendatud meditatsioonitehnikaid, võivad kõik inimesed saavutada täiusliku kooskõla Taevase Isa tahtega.

KÜLLUSE OOKEANIST

Nõndasamuti nagu kogu vägi asub Tema tahtes, nii voolavad ka kõik vaimsed ja materiaalsed kingid Tema piiramatust külluslikkusest. Selleks, et Tema kinke saada, peate te oma mõistusest välja juurima kõik piiratuse ja vaesuse mõtted. Kõikehõlmav Mõistus on täiuslik ja ei tunne puudust. Selleks, et küündida selle lõputu varuni, peate te säilitama külluse teadvuse. Isegi kui te ei tea, kust järgmine dollar teieni jõuab, peate te keelduma olemast ebakindel. Kui te teete omalt poolt kõik ja toetute Jumalale, et Tema teeks omalt poolt kõik, siis te avastate, et müstilised jõud tulevad teile appi ja teie ülesehitavad soovid täituvad peatselt. Selline kindlus ja külluse teadvus saavutatakse meditatsiooni kaudu.

Kuna Jumal on kogu mentaalse väe, rahu ja õitsengu allikas, siis ärge tahtke ega tegutsege esmalt, vaid kontakteeruge kõigepealt Jumalaga. Seejärel võite te kõrgeimate sihtide saavutamiseks rakendada oma tahet ja tegutseda. Nõnda nagu te ei saa edastada sõnumit, kui mikrofon on katki, nii ei saa te ka saata palveid välja korrast ära ja rahutu mentaalse mikrofoni kaudu. Sügav rahuseisund parandab mõistuse mikrofoni ja suurendab intuitsiooni vastuvõtlikkust. Siis olete te võimelised Teda tõhusalt teavitama ja võtma vastu Tema vastuseid.

MEDITATSIOONI TEE

Kui olete ära parandanud oma mentaalse raadio ja rahulikult häälestanud end ülesehitavatele võngetele, siis kuidas saaksite te seda kasutada Jumalani jõudmiseks? Teile on abiks õige meditatsiooni meetod.

Keskendumise ja meditatsiooni väega võite te suunata mõistuse ammendamatu jõu soovitu saavutamisele, samuti valvama sel teekonnal

kõiki käänakuid, kus teid võib ähvardada läbi-
kukkumine. Kõik edukad mehed ja naised pü-
hendavad palju aega sügavale keskendumisele.
Nad on võimelised sukelduma sügavale oma
mõistusse, leidmaks seal nende ees seisvatele
probleemidele õigete lahenduste pärleid. Kui te
õpite tõmbama oma tähelepanu eemale häiriva-
telt olukordadelt ja suunama seda ühele kesken-
dumise objektile, saate teada, kuidas tõmmata
tahtega ligi, mida iganes te vajate.

Enne kui te asute tähtsate ettevõtmiste kallale,
istuge vaikselt, vaigistage oma meeled ja mõt-
ted ning mediteerige sügavalt. Nii saate Vaimu
suurelt loovalt väelt juhatust. Peale seda peaksite
te eesmärgi saavutamiseks kasutama kõiki vaja-
likke materiaalseid vahendeid.

Teile on elus vajalikud need olukorrad ja as-
jad, mis aitavad teil täita oma peatähtsat ees-
märki. See, mida te võite tahta, kuid ei vaja, võib
teid sellest eesmärgist kõrvale juhtida. Vaid siis,
kui panete kõik tegemised teenima oma peaees-
märki, saavutate te edu.

EDU MÕÕDETAKSE ÕNNE JÄRGI

Vaadake, kas teie valitud eesmärk sisaldab endas õnne. Mis on õnn? Kui teil on tervis ja rikkus, kuid te olete hädas kõigi teiste ja iseendaga, siis ei ole see veel edu. Olemasolu muutub tühiseks, kui teie elu ei edene. Kui kaob rikkus, siis olete kaotanud vähe, kui kaob tervis, siis olete te jäänud ilma millestki palju kaalukamast, aga kui kaob seesmine rahu, olete kaotanud kõige hinnalisema aarde.

Edu tuleks seepärast mõõta õnne mõõdupuuga – teie võimega püsida harmoonias kosmiliste seadustega. Edu ei saa õigesti mõõta maise jõukuse, prestiiži ja võimu standarditega. Ükski neist ei anna õnne, kui neid ei ole õigesti tarvitatud. Et neid õigesti kasutada, peab inimesel olema tarkust ja armastust Jumala ning inimeste vastu.

Jumal ei autasusta ega karista teid. Ta on andnud teile väe iseennast autasustada, aga samuti karistada, kui te kasutate oma arutlusvõimet ja tahet valesti. Kui te astute üle tervise, õitsengu ja tarkuse seadustest, siis peate seejärel kindlasti kannatama haiguste, hädade ja ignorantsuse käes. Kõige selle juures peaksite te tugevdama oma mõistust ja keelduma kandmast möödanikus omandatud mentaalse ja moraalse nõrkuse koormat. Põletage see oma tänaste jumalike lahenduste ja õigete tegude tules. Sellise konstruktiivse hoiakuga saavutate te vabaduse.

Õnn sõltub peamiselt mentaalsetest hoiakutest ja vaid mõningal määral välistest tingimustest. Et olla õnnelik, peaks inimesel olema hea tervis, tasakaalukas mõistus, õitsev elu, õige töö, tänulik süda, ja üle kõige – tarkus või Jumala tundmine.

Teid aitab tugev ja kindel otsus – olla õnnelik. Ärge oodake, et teie olud muutuvad, mõeldes, et häda selles seisnebki. Ärge muutke ebaõnne krooniliseks harjumuseks, tuues kannatusi nii iseendale kui oma lähedastele. Kui te olete õnnelik, siis on see õnnistuseks teile ja teistele. Kui teil on õnn, siis on teil kõik – olla õnnelik tähendab enda häälestamist Jumalale. See õnnelik olemise vägi ärkab meditatsiooni abil.

ÜHENDAGE ENDA PINGUTUSED JUMALA VÄEGA

Kui vabastate ülesehitavatel eesmärkidel teis peituva väe, tuleb seda veel enam juurde. Liikuge oma teed mööda vankumatu otsusekindlusega, kasutades edu soosivaid võtteid. Häälestage end Vaimu loovale väele. Te olete siis ühenduses teid juhtiva ja kõiki probleeme lahendava Mõõtmatu Arukusega. Teie olemuse Allikast tulenev vägi voolab katkestamatult nii, et te olete võimelised tegutsema loovalt igas tegevusvaldkonnas.

Te peaksite enne iga tähtsa otsuse langetamist istuma vaikuses, küsides Isalt Tema õnnistust. Siis liitub teie väega Jumala vägi, teie mõistusega Tema mõistus, teie tahtega Tema tahe. Kui teiega koos töötab Jumal, siis ei saa teil miski ebaõnnestuda, iga teie võime vägi suureneb. Kui teete oma tööd Jumala teenimise mõttega, siis saavad teile osaks Tema õnnistused.

Ärge vabandage selle pärast, kui teie töö on alandlik. Olge uhke, sest te täidate Isa poolt antud kohustust. Ta vajab teid sel konkreetsel kohal – kõik inimesed ei saa täita sama rolli. Nii kaua kuni te töötate Jumala meeleheaks, abistavad kõik kosmilised jõud teid kooskõlas.

Kui te veenate Jumalat, et te vajate Teda üle kõige, siis häälestate te end Tema tahtele. Kui jätkate kõigi takistuste kiuste, mis teid Jumalast eemale tirivad, Tema otsimist, siis kasutate inimlikku tahet selle kõige konstruktiivsemal kujul. Niiviisi järgite te edu seadust, mis oli teada muistsetele tarkadele ja mida on mõistnud kõik tõelist edu saavutanud inimesed. Jumalik vägi kuulub teile, kui suunate oma otsustavad pingutused tervise, õnne ja rahu saavutamisele. Hõlmates neid eesmärke, liigute te Eneseteostuse teel oma tõelisse koju Jumalas.

AFIRMATSIOON

Taevane Isa, ma arutlen, ma tahan, ma tegut-
sen – kuid juhi mu arutlemist, mu tahet ja tege-
vusi õigete asjadeni, mida ma peaksin tegema.

AUTORIST

„Jumala armastuse ja inimkonna teenimise ideaal leidis täieliku väljenduse Paramahansa Yogananda elus ... Kuigi suurem osa tema elust möödus väljaspool Indiat, asetub ta ikkagi talle kuuluvale kohale meie suurte pühakute hulgas. Tema töö jätkab kasvamist ja särab aina eredamalt, tõmmates kõikjal inimesi Vaimu palverännaku teele."

Võetud Paramahansa Yogananda 25. surma-aastapäeva puhul India valitsuse poolt välja antud mälestusmargi lugupidamisavaldusest.

Sündinud 5. jaanuaril 1893. aastal Indias, pühendas Paramahansa Yogananda oma elu kõigist rassist ja uskudest inimeste abistamisele, teostamaks ja väljendamaks palju täielikumalt oma eludes inimvaimu ilu, õilsust ja tõelist jumalikkust.

Peale Kalkuta Ülikooli lõpetamist 1915. aastal andis Sri Yogananda India auväärse Svaami mungaordu mungaseisuse vande. Kaks aastat hiljem alustas ta oma elutööga ja asutas „elamise õpetuse" kooli, mis on sellest peale kasvanud kahekümne üheks üleindialiseks haridusasutuseks, kus traditsiooniliste akadeemiliste ainete kõrval antakse jooga väljaõpe ja juhendatakse vaimsete ideaalide osas. 1920. aastal kutsuti ta India delegaadina Bostonis toimunud religioossete liberaalide rahvusvahelisele kongressile. Yogananda pöördumine kongressi poole ja sellele järgnevad loengud idarannikul võeti vastu entusiastlikult ning 1924. aastal asus ta kontinenti läbivale kõnetuurile.

Üle kolme aastakümne panustas Paramahansa Yogananda kaugeleulatuval moel teadlikkuse arendamisse ja ida vaimse tarkuse levitamisse läänes. Ta asutas Los Angeleses 1920. aastal sektantlusest vaba religioosse ühingu – Self-Realization Fellowshipi ja selle rahvusvahelise peakorteri. Läbi oma kirjutiste, ulatuslike loengutuuride ja hulga Self-Realization Fellowshipi templite ja meditatsioonikeskuste loomise, juhtis ta tuhandeid tõeotsijaid muistse joogateaduse ja -filosoofia ning selle universaalselt rakendatavate meditatsioonimeetodite juurde.

Tänasel päeval jätkub Paramahansa Yogananda alustatud vaimne ja humanitaarne töö ühe tema varasema ja lähedasema õpilase ning 2010. aastast Self-Realization Fellowshipi/India Yogoda Satsanga Ühingu presidendi Sri Mrinalini Mata juhatuse all. Lisaks tema kirjutiste, loengute ja mitteametlike vestluste (kaasa arvatud koduõppe tundide kõikehõlmav seeria) väljaandmisele, tegeleb ühing ka oma üle maailma paiknevate templite, rahupaikade ja keskuste ülevaatamisega, Self-Realizationi ordu mungakogukondade ja ülemaailmse palveringiga.

Scrippsi kolledži professor dr Quincy Howe jr kirjutas artiklis Sri Yogananda elu ja töö kohta järgmist: „Paramahansa Yogananda tõi läände mitte ainult India igikestva lubaduse Jumala-teostuse kohta, vaid ka praktilise meetodi, mille kaudu võivad kõigi suundade vaimsed püüdlejad kiiresti selle eesmärgini edeneda. India vaimne pärand, mida algselt võeti läänes omaks vaid kõige kõrgelennulisematel ja abstraktsematel tasanditel, on nüüd praktikana ja kogemusena kättesaadav kõigile Jumala tunnetuse püüdlejaile ning mitte kusagil kaugel, vaid siin ja praegu ...

Yogananda asetas kujustamise kõige kõrgemad meetodid kõigi käeulatusse."

Self-Realization Fellowshipi eesmärgid ja ideaalid

Nagu need on paika pannud asutaja Paramahansa Yogananda ja president Sri Mrinalini Mata.

Levitada rahvaste seas teadmist selgetest teaduslikest tehnikatest personaalse otsese Jumala-kogemuse saavutamiseks.

Õpetada, et elu eesmärgiks on enesepingutuse kaasabil inimese sureliku teadvuse arendamine Jumala-Teadvuseks ning asutada selle saavutamiseks Self-Realization Fellowshipi templeid üle terve maailma ning julgustada koduste ja südametes asuvate individuaalsete Jumala templite rajamist.

Avaldada täielikku harmooniat ja algupärase kristluse ja algupärase Bhagavan Krišna õpetatud Jooga põhiolemuslikku ühtsust - näitamaks, et need tõe põhimõtted on kõigi tõeliste religioonide ühiseks teaduslikuks alusmüüriks.

Näidata ühte jumalikku kiirteed, milleni kõigi tõeliste religioossete uskumuste teerajad lõpuks viivad – igapäevast, teaduslikku, pühendumuslikku Jumalale mediteerimise kiirteed.

Vabastada inimene tema kolmekordsest kannatusest: kehalistest haigustest, mentaalsetest ebakõladest ja vaimsest ignorantsusest.

Julgustada „lihtsat eluviisi ja kõrget mõtlemist", levitada kõigi inimeste seas vendluse vaimu, õpetades

31

nende ühtsuse igavest alust – sugulust Jumalaga.

Näidata mõistuse ülimuslikkust keha üle, hinge üli-muslikkust mõistuse üle.

Saada kurjast üle heaga, kurbusest rõõmuga, julmu-sest lahkusega, ignorantsusest tarkusega.

Ühendada teadus ja religioon läbi nende aluspõhi-mõtete ühtsuse teostamise.

Olla ida ja lääne kultuurilise ja vaimse mõistmise ja nende eristuvate joonte vahetuse eestkõnelejaks.

Teenida inimkonda kui iseenda suurimat Mina.

PARAMAHANSA YOGANANDA
EESTIKEELSED RAAMATUD

Joogi autobiograafia

Edu seadus

Kuidas kõnelda Jumalaga

Teaduslikud tervendamise jaatused

Metafüüsilised meditatsioonid

Religiooniteadus

Paramahansa Yogananda ütlused

Inimese igavene otsirännak

PARAMAHANSA YOGANANDA
INGLISKEELSED RAAMATUD

Saadaval raamatupoodides või otse kirjastajalt:
Self-Realization Fellowship
3880 San Rafael Avenue • Los Angeles,
California 90065-3219
Tel (323) 225-2471 • Fax (323) 225-5088
www.yogananda-srf.org

Autobiography of a Yogi

The Second Coming of Christ:
The Resurrection of the Christ Within You
Ilmutuslik kommentaar Jeesuse algupärasele õpetusele.

God Talks with Arjuna; The Bhagavad Gita
Uus tõlge ja kommentaar.

Man's Eternal Quest
I osa Paramahansa Yogananda loengutest ja mitteametlikest esinemistest.

The Divine Romance
II osa Paramahansa Yogananda loengutest, mitteametlikest esinemistest ja esseedest.

Journey to Self-Realization
III osa Paramahansa Yogananda loengutest ja mitteametlikest esinemistest.

Wine of the Mystic:
The Rubaiyat of Omar Khayyam — A Spiritual Interpretation
Inspireeritud kommentaar, mis toob valguse kätte Nelik-värsside mõistatusliku kujundlikkuse taga peidus oleva Jumalaga üksolemise müstilise teaduse.

Where There Is Light:
Insight and Inspiration for Meeting Life's Challenges

Whispers from Eternity
Valik Paramahansa Yogananda palveid ja jumalikke kogemusi ülendatud meditatsiooniseisunditest.

The Science of Religion

The Yoga of the Bhagavad Gita:
An Introduction to India's Universal Science of God-Realization
Sissejuhatus India Universaalsesse Jumala-teostamise teadusse.

The Yoga of Jesus:
Understanding the Hidden Teachings of the Gospels

In the Sanctuary of the Soul:
A Guide to Effective Prayer

Inner Peace:
How to Be Calmly Active and Actively Calm

To Be Victorious in Life

Why God Permits Evil and How to Rise Above It

Living Fearlessly:
Bringing Out Your Inner Soul Strength

How You Can Talk With God

Metaphysical Meditations
300 vaimselt ülendavat meditatsiooni, palvet ja jaatust.

Scientific Healing Affirmations
Yogananda esitab siin jaatuse teaduse põhjapaneva seletuse.

Sayings of Paramahansa Yogananda
Ütluste ja tarkuste kogum, mis annab edasi Paramahansa Yogananda siirad ja armastavad vastused neile, kes on tulnud tema juurde juhatust saama.

Songs of the Soul
Paramahansa Yogananda müstiline luule.

The Law of Success
Selgitab inimese elueesmärkide saavutamiseks vajalikke dünaamilisi põhimõtteid.

Cosmic Chants
60 pühendumusliku laulu sõnad (inglise keeles) ja muusika koos sissejuhatusega, mis seletab, kuidas vaimne skandeerimine võib viia meid Jumalaga-üksolemisele.

PARAMAHANSA YOGANANDA
AUDIOSALVESTUSED

Beholding the One in All

The Great Light of God

Songs of My Heart

To Make Heaven on Earth

Removing All Sorrow and Suffering

Follow the Path of Christ, Krishna, and the Masters

Awake in the Cosmic Dream

Be a Smile Millionaire

One Life Versus Reincarnation

In the Glory of the Spirit

Self-Realization: The Inner and the Outer Path

SELF-REALIZATION FELLOWSHIPI
TEISED TRÜKISED

Täielik kataloog, mis kirjeldab kõiki Self-Realization Fellow-shipi trükiseid ja audio/video salvestisi, on saadaval nõudmisel.

The Holy Science
(Püha teadus)
autor Svaami Sri Yukteswar

Only Love:
Living the Spiritual Life in a Changing World
(Ainus armastus: elades vaimset elu muutuvas maailmas)
autor Sri Daya Mata

Finding the Joy Within You:
Personal Counsel for God-Centered Living
(Rõõmu leidmine iseendas:
isiklik nõuanne Jumala-keskseks eluks)
autor Sri Daya Mata

Enter the Quiet Heart:
Creating a Loving Relationship With God
(Sisene vaiksesse südamesse: Jumalaga armastava suhte loomine)
autor Sri Daya Mata

God Alone:
The Life and Letters of a Saint
(Jumal Üksinda: Pühaku elu ja kirjad)
autor Sri Gnjaanamata

„Mejda":
The Family and the Early Life of Paramahansa Yogananda
(„Mejda": Paramahansa Yogananda perekond ja varajane elu)
autor Sananda Lal Ghosh

Self-Realization
(kvartali ajakiri, mille 1925. aastal asutas
Paramahansa Yogananda).

SELF-REALIZATION FELLOWSHIPI
ÕPPETUNNID

Paramahansa Yogananda poolt õpetatud teaduslikud tehnikad, nende hulgas *Kriija jooga* – ja samuti tema juhised tasakaalustatud vaimsest elamisest on ära toodud Self-Realization Fellowshipi õppetundides. Lisateabe saamiseks kirjutage palun ja te saate inglis-, hispaania ja saksakeelse tasuta trükise, *"Unistamata võimalused"*.

www.ingramcontent.com/pod-product-compliance
Lightning Source LLC
Chambersburg PA
CBHW021118020426
42331CB00004B/548